AF247853

LETTRE

A

M. LE Cᵗᵉ DE MONTLOSIER.

IMPRIMERIE DE J. TASTU,
RUE DE VAUGIRARD, N° 36.

LETTRE

A

M. LE Cᵗᵉ DE MONTLOSIER,

PAR

M. LE GRAVERAND.

PARIS

AMBROISE DUPONT ET Cⁱᵉ, LIBRAIRES,

RUE VIVIENNE, N. 16

*

1826

LETTRE

A

M. LE C^{TE} DE MONTLOSIER.

Paris, le 14 août 1826.

MONSIEUR LE COMTE,

Lorsque vous m'avez invité à faire un examen particulier de votre *Mémoire à consulter sur un système politique et religieux tendant à renverser la religion, la société et le trône*, de la *Dénonciation présentée par vous, le 26 juillet dernier, à la Cour royale de Paris*, et du volume in-8° que vous venez de publier à l'appui; et à exprimer mon opinion sur le tout, je vous ai fait connaître qu'à mon retour de la campagne, le 6 août, j'avais adhéré à la Consultation de mon savant confrère et honorable ami M. Dupin, et que quoique mon opinion personnelle ne fût pas entièrement conforme à la sienne sur quelques points, ses conclusions sur la nécessité de faire exécuter les lois contre l'institut des jésuites et les congrégations, et sur la compétence des Cours royales pour instruire, à cet égard, ayant déterminé mon adhésion, je ne croyais pas devoir me livrer à un nouvel examen de votre Dénonciation et de vos Mémoires qui ont donné lieu à tant d'éloquentes discussions.

Cependant puisque vous insistez et me témoignez le désir de connaître ma pensée sur cette grande affaire, je veux remplir vos désirs et répondre à votre appel par un acte de déférence.

Les faits que vous avez dénoncés aux Cours royales sont d'une haute importance, même en les considérant isolément ; mais ce qui leur donne surtout une gravité extraordinaire, c'est qu'ils tendraient à déceler, dans leur ensemble et leur réunion, un vaste

(3)

complot qui, comme vous l'établissez, Monsieur le Comte, menacerait tout à la fois la religion, le trône et les libertés publiques.

En effet, s'il est vrai que des congrégations, qui professent des principes contraires à la liberté des cultes, aux libertés de l'Eglise gallicane, à l'indépendance du trône et de la nation, couvrent toute la France de leurs affiliés, la dominent par leurs chefs et leurs agens, y perçoivent des impôts pour leur compte, y disposent de l'autorité, y paralysent les lois et l'action de tout pouvoir qui n'émane pas d'elles; s'il est vrai que la société des jésuites, expulsée de France et de la plupart des Etats de l'Europe, supprimée à jamais par une bulle de Clément XIV, s'est de nouveau implantée en France; qu'elle y dirige, du moins en partie, l'instruction publique; qu'elle y exerce une puissance ténébreuse mais irrésistible ; qu'identifiée avec les congrégations, cette compagnie a grandi dans l'ombre, en tirant une nouvelle force de l'illégalité même de son existence; si cette milice religieuse et politique d'un souverain étranger propage ses doctrines pernicieuses; si les principes ultramontains, adoptés par une grande partie du clergé français, sapent chaque jour les libertés de l'Eglise gallicane, et s'insinuent jusque dans les instructions pastorales; si l'esprit d'envahissement du clergé brise partout les limites posées par la tolérance, la sagesse et la religion elle-même entre le spirituel et le temporel; si le *parti-prêtre*, suivant votre énergique expression, marche incessamment à une domination absolue; on ne peut nier qu'un tel état de choses, d'où naît un malaise général qui inquiète les bons citoyens sur le présent, en les effrayant sur l'avenir, ne laisse apercevoir des symptômes alarmans, peut-être même des indices d'un complot dangereux, puisque la France semble menacée dans ce qu'elle a de plus précieux, la religion de ses pères, le trône de ses rois, ses libertés et ses institutions : et si j'admire le courage et le dévouement dont vous avez fait preuve en signalant comme un danger public, par votre Dénonciation civique, la triple alliance des congrégations, des jésuites et du parti-prêtre, je suis forcé de reconnaître que ce n'est pourtant qu'un devoir que vous avez rempli, puisque, d'après une disposition formelle de nos lois (article 3o du Code d'instruction criminelle), toute personne qui, comme vous, Monsieur le Comte, aurait reconnu l'existence d'un at- tentat contre la sûreté publique, serait tenue d'en donner avis aux autorités judiciaires.

Mais quel doit être l'effet de la Dénoncia- tion adressée par vous aux Cours royales? Les faits articulés sont-ils prévus par les lois pénales? Peuvent-ils donner lieu à des re- cherches, à des poursuites judiciaires, soit isolément, soit dans leur ensemble? Telles sont les questions sur lesquelles vous me de- mandez des éclaircissemens.

Pour pouvoir discuter et résoudre ces questions, il convient d'examiner succes- sivement les divers chefs de la Dénonciation.

§ Ier.

Des Congrégations.

Vous dénoncez l'existence d'une congré- gation mélangée de religion et de politique, qui se divise en plusieurs branches; qui tra- vaille de toutes ses forces à donner la société au sacerdoce, et à subordonner le pouvoir civil au pouvoir religieux ; qui se propage et se perpétue par des affiliations ; qui s'engage par des sermens particuliers, etc., etc. Vous signalez ses progrès, son influence sur les dépositaires de l'autorité, son action sur toutes les classes du peuple ; vous comptez ses rangs nombreux dans nos assemblées législatives ; enfin, suivant votre exposé, la congrégation est partout, et malgré sa constitution robuste, elle devient impalpable et peut disparaître comme une ombre, si on cherchait à la saisir.

D'après le tableau que vous avez tracé, on peut supposer que cette congrégation mystérieuse, dont l'existence compromettrait l'ordre public et même la sûreté de l'Etat, puisqu'elle tendrait à détruire ce qui existe, est plus habilement et plus fortement organisée que la plupart des congrégations qui l'ont précédée ; cependant elle a beaucoup de points de rapport avec toutes celles qui ont laissé des traces. La plupart de ces congrégations, ainsi que nous l'apprennent les documens historiques, ont souvent, en effet, couvert de pratiques re-

ligieuses dont elles empruntaient le voile,
des projets purement politiques ; et suivant
les circonstances elles ont invoqué la religion à l'appui de l'ambition de leurs membres, et l'ont fait servir à l'accomplissement
d'entreprises audacieuses ou même de me-
nées criminelles.

Ainsi, nous savons que du temps de la
Ligue, une confrérie *du Cordon et du saint
nom de Jésus*, établie à Paris, était un véri-
table club de fanatiques ligueurs, dont les
membres s'engageaient à ne jamais reconnaître aucun roi hérétique et notamment
Henri de Bourbon, roi de Navarre, excom-
munié par le Pape, et qu'elle eut l'audace
d'adresser au parlement un mandement qui
enjoignait aux quarteniers de faire un rôle
de tous les Parisiens soupçonnés d'être *politiques* [1].

C'est ainsi que, dans le même temps, une
confrérie ou congrégation *du chapelet*, établie à Paris *dans la maison des jésuites* de la
rue Saint-Jacques, était un foyer de sédition
[1].

[1] Voyez Histoire de Paris sous la Ligue, par Dulaure, tom. III, pag. 367.

et de fanatisme, où ces religieux attiraient les hommes ignorans pour s'en servir au besoin. Les confrères, parmi lesquels se trouvait l'ambassadeur d'Espagne, se réunissaient chaque dimanche pour entendre un discours propre à maintenir le public dans un état d'exaltation fanatique, et après que le peuple avait été congédié, les chefs discutaient les affaires de la sainte Ligue [1].

Toutes les congrégations et les confréries n'ont pas eu la même importance que celles dont il est ici question et celle que vous dénoncez ; mais, dans tous les temps, soit à cause du défaut de publicité de leurs assemblés et des abus qui pouvaient y prendre naissance sous le rapport de la religion, de l'ordre public et des mœurs, soit à cause de l'influence illégale qu'elles pouvaient exercer, elles ont été l'objet de la sollicitude du gouvernement et d'une surveillance spéciale de la part des magistrats...

Beaucoup de bons esprits ont regardé les congrégations comme inutiles, lorsqu'elles ne sont pas dangereuses, et comme le produit

[1] Voyez Dulaure, *loc. cit.*

de la superstition ou d'une dévotion mal en-
tendue; tous se sont accordés à penser que
les réunions qu'entraîne nécessairement l'é-
tablissement des congrégations pouvant offrir des dangers réels, les congrégations ne
pouvaient exister qu'avec la permission du
gouvernement.

D'accord avec les lois romaines, nos anciennes lois françaises déclaraient en général
les congrégations illicites, les prohibaient à
ce titre, et n'en autorisaient l'existence qu'avec
des formalités spéciales et sous des conditions
particulières[1]; l'édit du mois d'août 1749 qu'on
appelle l'édit des gens de main-morte, décla-
rait notamment que ces sortes d'établissemens ne pouvaient avoir lieu *qu'en vertu de
lettres-patentes dûment enregistrées, et cela
à peine de nullité;* et les recueils des arrêts
des parlemens attestent que la vigilance des
magistrats a souvent fait justice des abus et
du scandale qui s'étaient introduits dans le
sein de ces établissemens, en ordonnant la

[1] Voyez Domat, Droit public, liv. I, tit. II, sect. II,
n. 14, qui rappelle les lois romaines; voyez aussi les
Ordonnances du Louvre.

dispersion des congréganistes et en prohibant leur réunion sous des peines sévères.

La loi du 18 mai 1792 supprima toutes les congrégations séculières et régulières.

Mais un décret du 3 messidor an XII et le rapport qui y était joint, nous révèlent que des congrégations et associations religieuses s'étaient formées sous le gouvernement impérial. L'art. 1er de ce décret en prononça la dissolution, et l'art. 6 ordonna aux procureurs-généraux de poursuivre les contrevenans.

Enfin le Code pénal, dans ses articles 291, 292 et 293,. déclare que nulle association de plus de vingt personnes, dont le but sera de se réunir tous les jours, ou à certains jours marqués, pour s'occuper d'objets religieux, littéraires, politiques, ou autres, ne pourra se former qu'avec l'agrément du gouvernement, et sous les conditions qu'il plaira à l'autorité publique d'imposer à la société. Il ordonne la dissolution de toute société formée en contravention à ces règles, punit d'une amende les chefs, directeurs et administrateurs de l'association illicite; punit même les individus qui auraient prêté leurs maisons pour la réunion de la société; et, prévoyant le cas où, par des discours, exhortations, invocations ou prières, ou par lecture, affiche, publication ou distribution d'écrits quelconques, des provocations criminelles auraient eu lieu dans ces réunions clandestines, il décerne des peines d'emprisonnement contre les chefs, directeurs, etc., des associations, sans préjudice de peines plus graves contre les auteurs des provocations.

Avant la publication du Code pénal, une loi du 7 vendémiaire an IV, modifiée en ce qui concerne les cultes chrétiens, par la loi du 18 germinal an X, organique du Concordat, modifiée aussi par le Code pénal, relativement au nombre des personnes qui peuvent se réunir en société, sans avoir besoin d'autorisation; modifiée encore par la Charte, qui consacre dans son article 5 la liberté des cultes, et qui, dans son article 6, déclare que la religion catholique, apostolique et romaine, est la religion de l'État, mais maintenue évidemment et nécessairement comme loi de police en tout ce qui n'a point été abrogé par des lois postérieures, et notamment à l'égard des cultes, autres que les sectes chrétiennes, et aussi relativement à l'exercice clandestin de ce culte même, et invoquée à une époque récente comme moyen de répression contre ce qu'on appelait *la petite Église ;* une loi du 7 vendémiaire an IV avait, dans cet intervalle, consacré des principes analogues en plusieurs points à ceux que l'on retrouve dans le Code pénal sur la matière, et établi des peines en certains cas.

L'existence en France d'une congrégation, ou même de plusieurs congrégations, ayant un but religieux et un but politique, ne paraît pas plus problématique que la réunion périodique des congréganistes et l'influence qu'ils exercent. Vous l'affirmez, Monsieur le Comte, et vous en offrez des preuves ; et monseigneur l'évêque d'Hermopolis a déclaré à la tribune législative avoir eu connaissance de l'existence de ces congrégations. Monseigneur l'évêque paraît, il est vrai, avoir perdu de vue la congrégation politique ; mais cette déclaration d'un ministre du Roi sur l'existence des congrégations, est un fait important qui vient déjà à l'appui de votre

Dénonciation. L'existence des congrégations ne peut donc plus être révoquée en doute.

On ne sait si la congrégation *religieuse* a été légalement autorisée; on ne peut le croire, car on ne connaît point d'ordonnance royale, contresignée d'un ministre, qui accorde l'autorisation. Dans tous les cas, l'autorisation devrait être représentée pour qu'on pût en vérifier les termes et les limites, et s'assurer qu'ils ne sont ni violés, ni dépassés.

Quant à la congrégation *politique*, puisque le ministre du Roi déclare ne pas savoir ce qu'elle est devenue, c'est un grand motif de croire qu'elle est illicite et non autorisée. Il y a donc nécessité sous tous les rapports de vérifier les faits.

La Cour royale doit donc informer sur la partie de la Dénonciation qui concerne les congrégations; il lui importe de connaître à quel titre existe chaque congrégation, ce qu'on y dit, ce qu'on y fait, ce qu'on y prépare, pour ordonner sa dissolution, si la loi la prohibe; pour punir les chefs, les administrateurs, les directeurs et ceux qui lui donnent asile; pour punir tous les délits qui se seraient commis dans ces réunions clan—

destines ; pour s'assurer enfin si tous ou quel-
ques-uns des actes de la congrégation ne
violent pas les lois générales du royaume,
ou ne se rattachent pas au complot dont
vous avez signalé le but funeste, et si ces
nouvelles congrégations *religieuses* et *politiques*, héritières des doctrines, des congrégations formées du temps de la Ligue, sous
la protection, la direction et le toit des jésuites, ne mettraient pas en question aujourd'hui, comme alors, la puissance royale,
et ne seraient pas en état d'hostilité et même
de conspiration contre la dignité du trône,
la sûreté de l'Etat et l'indépendance nationale.
Malgré la difficulté que vous avez signalée
de saisir la congrégation, le zèle des magistrats et leur haute sagesse trouveront
dans les lois des moyens suffisans pour dé-
voiler et atteindre tout ce qui serait préju-
diciable à la société, et les documens fournis
par les discours du ministre du Roi sont
comme un premier fil qui peut conduire à
la découverte de toute la vérité.

§ II.

Des Jésuites.

L'existence des jésuites en France n'est pas moins certaine que celle de la congrégation ; long-temps masqués et déguisés, désavoués par leurs plus ardens sectateurs, et se reniant eux-mêmes, leur nom a enfin été prononcé; il est sorti de la bouche du ministre chargé des affaires ecclésiastiques et de l'instruction publique; la société des jésuites est ressuscitée; elle a jeté son plomb sur la France; les Constitutions de cette société, jadis déposées aux greffes des parlemens, ne peuvent plus être révoquées en doute; ses doctrines ont été déclarées attentatoires aux droits de la puissance royale et à la sûreté des rois, propres à corrompre les mœurs et à exciter le trouble dans les Etats; et un souverain pontife a déclaré que l'existence de cette société est incompatible avec la paix de l'Eglise. Les Cours doivent donc tout d'abord assurer l'exécution des lois et des arrêts qui ont prononcé la dissolution de la société.

Mais, objectera-t-on peut-être, malgré les arrêts des parlemens, les édits de nos rois et la bulle de Clément XIV, les jésuites rétablis en 1814 par la bulle de S. S. Pie VII, les jésuites que M. l'évêque d'Hermopolis déclare être *tolérés* en France, et chargés par des évêques français de l'instruction publique dans plusieurs petits séminaires, les jésuites n'ont-ils pas aujourd'hui une existence sinon légale du moins *licite?* Les Cours judiciaires ne doivent-elles pas s'arrêter devant la *déclaration de tolérance*, sous l'égide de laquelle les a placés le ministre des affaires ecclésiastiques? ne doivent-elles pas attendre que des faits criminels, des attentats commis dans les établissemens jésuitiques provoquent la sévérité de la loi contre les individus qui se rendraient coupables?

Cette objection ne peut soutenir la plus légère discussion. Ce n'est pas en effet sur l'aveu si long-temps éludé malgré l'évidence des faits, d'une *tolérance* contraire à la législation qui a précédé la révolution, contraire à la législation qui a régi la France depuis 1789 jusqu'à la publication de la

Charte [1], contraire à la Charte constitutionnelle qui a maintenu la législation existante
au moment où elle parut, contraire à la législation postérieure à la Charte, et notamment à la loi de 1825 sur les congrégations
religieuses et à la discussion dont elle fut
précédée, que l'on peut prétendre établir un
droit quelconque en faveur de l'existence
d'une société si solennellement proscrite, et
faire ressortir pour elle un titre de légitimité
de la violation de toutes les lois.

Le ministre qui a déclaré à la tribune législative que l'existence des jésuites était
tolérée, n'a pu s'empêcher de reconnaître
lui-même qu'ils ne pouvaient *exister* que
par la loi, et si, comme le dit un noble pair,
« l'emploi de ce mot (tolérée) est *bien grave*
» dans une telle matière et dans la bouche

---

[1] Cette législation se compose notamment de la loi
du 18 août 1792 qui, en prononçant l'abolition de
tous les ordres religieux, a ajouté le sceau d'une pro-
hibition générale à l'abolition spéciale dont avaient
été frappés les jésuites, et du décret du 3 messidor
an XII, qui confirme de plus en plus, et cette législation générale, et les dispositions spéciales sur la
compagnie de Jésus.

» d'un ministre qui parle au milieu d'un or-
» dre légal et constitutionnel ; s'il prouve
» qu'on peut, selon sa doctrine, *tolérer* une
» existence qu'on a formellement reconnue
» ne pouvoir être autorisée que par une loi,
» et qu'avec l'emploi du mot *tolérer*, ce qui
» ne doit pouvoir exister en France que par
» l'autorité de la loi, existe *de fait* par une
» tolérance qui remplace la loi, qui n'est ce-
» pendant écrite nulle part, dans aucun
» acte patent de l'autorité et qui se trouve
» seulement avouée par un ministre à la tri-
» bune des deux Chambres [1] ; » si les discours de ce ministre ont produit en France
une profonde impression, il est certain qu'ils
n'ont affaibli ni modifié en aucune manière
l'effet des lois toujours subsistantes à l'égard
de la société de Jésus. Et comme ces lois ne
sont pas équivoques sur la manière dont on
doit envisager l'existence des jésuites en
France et l'appel que l'on a fait d'eux
pour leur confier l'instruction publique dans
plusieurs petits-séminaires, les Cours judi-

[1] Voyez le Discours de M. le baron Pasquier à la séance des pairs, du 5 juillet 1826.

ciaires qui ne peuvent jamais chercher des règles de conduite dans les discours ministériels, et qui ne connaissent que la loi dont elles sont les dignes organes, ne verront dans cette *tolérance* qu'un fait dont l'aveu peut intéresser la responsabilité ministérielle, mais qui ne change en rien la position des jésuites.

Ainsi les arrêts des parlemens et les édits royaux, qui ont expulsé de France la société de Jésus, sont toujours en pleine vigueur; le décret du 3 messidor an XII n'a pas cessé d'exister. Le principe reconnu de nouveau par la loi de 1825, que la loi seule peut autoriser des congrégations et des ordres monastiques en France, donne encore s'il est possible une plus grande force à ces anciens actes législatifs, et la bulle même de Pie VII qui rétablit l'institut des jésuites, n'ayant point été reçue et publiée en France dans les formes voulues, ne peut même y altérer l'autorité et l'effet toujours subsistant, nonseulement de cette législation, mais encore de la bulle de Clément XIV.

Ainsi, l'existence illicite des jésuites en France, leur admission plus illicite encore aux fonctions d'instituteurs publics, doivent

2*

exciter l'action de la justice, ne fût-ce que pour faire opérer la dissolution de cette société, et d'après les doctrines de cette congrégation, doctrines signalées par les arrêts des parlemens, ces faits, qui *comprommettent la sûreté de la personne sacrée du Roi, l'intérêt des bonnes mœurs, de l'enseignement public, de la discipline de l'Eglise, du bon ordre et de la tranquillité publique* ', *peuvent être considérés* comme formant, sous ces divers rapports, un des élémens de ce vaste complot que vous avez dénoncé et qui est dirigé contre le trône et les libertés publiques; et toutes les tolérances ministérielles sont impuissantes pour soustraire les jésuites et leurs actes aux recherches de la justice.

Que si l'on allègue encore que la seule présence des jésuites en France, quoique illicite, n'étant point un délit prévu par les lois pénales en général, ne peut donner lieu à une action judiciaire, cette allégation est dénuée de fondement, puisque le décret du 3 messidor an XII, qui ordonne la dissolution

----

' **Expressions des arrêts.**

de toute agrégation ou association d'hommes formée sous prétexte de religion, décret spécialement applicable aux jésuites,
comme l'indique le rapport de M. Portalis,
enjoint aux procureurs-généraux de poursuivre et faire poursuivre les contrevenans
même *par voie extraordinaire.*

L'attribution faite aux Cours royales du
droit et du devoir de concourir à l'exécution de ce décret est donc incontestable; et
si l'exécution de ce décret ne suppose pas
nécessairement l'application d'une peine autre que la dissolution de l'association, ne
trouve-t-on pas dans cette disposition législative une mesure analogue à ce pouvoir de
haute police, à cet exercice de juridiction
extraordinaire que la loi du 17 mars 1822
a depuis conféré aux Cours royales, en matière de presse périodique et qu'elles avaient
déjà reçu (en principe du moins) par le
décret du 25 mars 1813, pour les appels
comme d'abus?

D'un autre côté, les Cours royales étant
spécialement chargées, par le décret du 15
novembre 1811, qui place l'instruction publique sous la surveillance supérieure de

rechercher et de réprimer les délits et contraventions qui portent atteinte aux réglemens
de l'université, ne doivent-elles pas, en vertu
de ces attributions spéciales, s'assurer si les
jésuites qui enseignent publiquement sont
porteurs d'une autorisation du grand-maître ;
ce qui n'est pas présumable ; et en cas d'in-
fraction ne sont-elles pas autorisées à faire
poursuivre d'office les délinquans, à faire
décerner, s'il y a lieu, mandat d'arrêt contre
eux ; et le décret, qui confère ce droit aux
magistrats, n'a-t-il pas même voulu qu'ils
l'exerçassent malgré la négligence possible
du recteur de l'Académie et du grand-maître
de l'Université, ainsi que l'attestent les articles 54 et 55 de ce décret ?

Et si l'on prétendait que les petits séminaires étant en dehors du régime universitaire, le décret du 15 novembre 1811 n'est pas
applicable aux instituteurs qui y enseignent ;
nous répondrions que cette prétention est
insoutenable, soit parce que les petits séminaires, bien qu'affranchis (peut-être illégale-
ment) du régime universitaire, ne peuvent
être affranchis de la loi commune qui place
tous les établissemens publics sous la surveil-

lance comme sous la protection des magistrats, soit parce que les petits séminaires ne peuvent pas plus que tout autre établissement public ou particulier, devenir un lieu d'asile pour des individus que la loi aurait frappés, ou un lieu de refuge pour des doctrines qui seraient reconnues subversives de l'ordre, de la religion, de la morale, et que le droit des magistrats de se livrer, suivant les formes légales, à l'investigation de tout ce qui trouble l'ordre social, ne saurait être contesté.

§ III.

Des Doctrines ultramontaines.

Les doctrines ultramontaines, fomentées et propagées avec tant de zèle et d'ardeur, par les congrégations et les jésuites, et dont un arrêt de la Cour royale de Paris, du 5 décembre 1825, a déjà signalé l'invasion parmi une partie du clergé français, peuvent-elles être réprimées par l'action des tribunaux ?

Sans doute, les doctrines ultramontaines, toutes contraires qu'elles sont à nos institutions, tout inconciliables qu'elles peuvent paraître avec les devoirs d'un Français envers son pays et son Roi, ne peuvent être soumises à la censure des Cours judiciaires, tant qu'elles restent dans le domaine des opinions; mais il en est autrement aussitôt que l'esprit ultramontain, qui fait un devoir de l'obéissance absolue à un souverain étranger, se manifeste par des actes hostiles, des attaques ou des censures contre l'ordre légal et constitutionnel; et en professant ces doctrines dans leurs prédications, leurs mandemens et leurs instructions, en se livrant à des attaques, à des censures, à des critiques contre le gouvernement, contre les autorités et contre leurs actes, les ministres du culte troublent l'ordre public, et manquent à leurs devoirs, non-seulement comme sujets du Roi, mais encore comme ministres du culte, qualité qui les soumet, du moins en ce qui concerne les évêques et les ecclésiastiques du second ordre, à un serment particulier, et leur impose des obligations personnelles envers le pays et le souverain. Ces actes sont d'ailleurs prévus spécialement, en certains cas, par le Code pénal (articles

(25)

201 à 206), et aussi par les lois des 17 mai 1819 et 25 mars 1822, relatives aux provocations publiques par des discours ou des écrits.

Le Code pénal punit aussi (articles 206 et 207) la correspondance des ministres du culte avec une cour ou puissance étrangère, sur des questions ou matières religieuses, lorsqu'elle a eu lieu sans autorisation du ministre chargé de la surveillance des cultes [1]; et ce Code dont les Cours du royaume n'hésitent pas à faire l'application à ceux qui troublent des cérémonies du culte catholique, lors même qu'elles ont lieu extérieurement à des jours où la loi ne les autorise pas ; ce Code ne peut être paralysé dans ses effets, lorsqu'il s'agit de protéger la société et les individus qui la composent, contre les actes répréhensibles des ministres du culte catholique.

Nous avons dit que les doctrines ultra-montaines ne peuvent devenir l'objet des recherches judiciaires que lorsqu'elles se manifestent par des actes hostiles. Cette proposition, généralement vraie, est pourtant

[1] Ces articles peuvent aussi motiver des poursuites judiciaires contre les jésuites.

susceptible d'une exception importante. Ainsi vous affirmez que les quatre propositions de la déclaration du clergé en 1682, ne sont enseignées dans aucune école ecclésiastique. Cependant la Cour royale de Paris a proclamé récemment, par son arrêt du 3 décembre 1825, que cette déclaration célèbre est toujours reconnue loi de l'État. D'un autre côté, l'édit de Louis XIV, du mois de mars 1682, en prescrivait l'enseignement dans les écoles, *sous peine de destitution* des professeurs; l'enseignement en est également prescrit par l'art. 24 de la loi du 18 germinal an X; et la seule omission de ce devoir imposé aux professeurs, quand même elle ne serait point accompagnée de la profession de doctrines contraires, suffit dès-lors pour motiver, sous ce rapport, les recherches de la justice; elle nous paraîtrait même, si la preuve en était faite, constituer un des principaux élémens du complot signalé par vous à la sollicitude des magistrats, puisque le résultat nécessaire de cette grave omission serait de détruire l'Église gallicane, en formant un clergé entièrement ultramontain , et de perpétuer parmi ses membres cette ignorance si déplorable et cette intolérance si funeste, dont Mgr. l'évêque d'Hermopolis a déclaré qu'un grand nombre de jeunes ecclésiastiques avait le malheur d'être atteint.

Prétendrait-on que le défaut d'enseignement de la déclaration de 1682 n'étant puni par l'édit royal que de la destitution des professeurs, cette peine, étrangère à la classe des peines ordinaires, n'est point applicable par les Cours royales? ce serait une erreur évidente. La peine de destitution, en ce cas, quand elle a été prononcée par l'édit du Roi, pouvait, à coup sûr, être appliquée par les parlemens, et ce pouvoir n'a été conféré depuis à aucune autre autorité que l'autorité judiciaire. D'ailleurs l'omission de cet enseignement n'est-elle pas une désobéissance à la loi, un désordre manifeste à la suite duquel doivent naître *les dangers et les excès d'une doctrine qui menace tout à la fois l'indépendance de la monarchie, la souveraineté du Roi et les libertés publiques garanties par la Charte constitutionnelle et par*

la déclaration du clergé de France, en 1682 [1].
Le droit des magistrats sous la surveillance desquels l'enseignement public est placé, n'est-il pas dès-lors évident? Disons plus, leur devoir ne leur prescrit-il pas des recherches sévères à cet égard, sauf à examiner ensuite quelle serait, suivant les circonstances, la peine applicable à l'espèce et le tribunal compétent pour juger.

La recherche judiciaire, sur un *fait* reconnu contraire aux lois de police et d'ordre public, ne préjuge rien sur la culpabilité de qui que ce soit, et la vigilance des magistrats est la sauve-garde commune.

L'article 8 du Code d'instruction criminelle ne laisse aucun doute sur le droit de recherche que peut toujours exercer la police judiciaire sous l'autorité des Cours royales relativement aux crimes, aux délits et aux contraventions; et si le résultat de recherches judiciaires démontrait que le silence des lois pénales laisse impunis des faits es-

---

[1] Expressions de l'arrêt de la Cour royale de Paris, du 3 décembre 1825.

sentiellement nuisibles, ce serait une indication solennelle et légale d'une lacune que le législateur est appelé à réparer, et la loi elle-même, en prévoyant ce résultat comme possible, semble avoir pris soin de provoquer cette espèce d'avertissement [1].

§ IV.

De l'esprit d'envahissement parmi les prêtres.

L'esprit d'envahissement du pouvoir civil, de la part de ce que vous appelez le *parti-prêtre*, paraît également susceptible de provoquer des recherches judiciaires. Vous

[1] L'art. 364 du Code d'instruction criminelle démontre que la recherche judiciaire, qui ne doit toutefois jamais porter que sur des faits contraires aux lois d'ordre public, a pu néanmoins avoir pour objet un fait non prévu par une loi pénale, puisqu'il suppose le cas où un accusé traduit devant une Cour d'assises aurait été déclaré coupable d'un fait de cette nature, et ordonne que la Cour prononcera son absolution. Malgré cette disposition de la loi, on regarderait comme très-répréhensible la poursuite d'un *individu* auquel on imputerait un fait non prévu par une loi répressive; mais la recherche du *fait* n'offre pas les mêmes inconvéniens.

pouvez, dites-vous, offrir à ce sujet, la preuve de cinq cents faits.

Une telle masse de faits, dans un pays où naguère encore chacun, se bornant à remplir ses devoirs religieux, sans éclat et sans ostentation, respectait dans les ministres du culte des hommes tranquilles et modérés, étrangers à l'ambition, à la haine, à l'esprit de persécution et de vexation, et livrés exclusivement à leur état et à leurs fonctions ecclésiastiques; une telle masse signale d'une manière bien affligeante mais bien énergique une situation extraordinaire et violente, à laquelle il est urgent de porter un remède efficace, sous peine de s'exposer à voir ces germes de discorde se développer avec rapidité, et reproduire peut-être ces temps désastreux où les lois et le sceptre même fléchissaient sous l'empire absolu du sacerdoce.

Comme vous n'avez pas fait connaître les faits par vous recueillis, il est impossible de distinguer ceux qui peuvent offrir, individuellement, le caractère de délits ordinaires, de ceux qui peuvent seulement donner lieu à l'appel comme d'abus.

Parmi les premiers on rangerait tous ceux

qui sont prévus par des dispositions précises de lois répressives, et notamment par la loi du 7 vendémiaire an IV, le Code pénal, les lois des 17 mai 1819, 25 mars 1822, etc.

Dans la seconde classe viendraient se placer tous les actes qui peuvent seulement être considérés comme des abus des fonctions ecclésiastiques et des entreprises des ministres du culte contre l'autorité civile.

Mais comme, suivant votre assertion, tous ces faits ne sont que le développement d'un système général qui tend à renverser le gouvernement établi, pour y substituer une espèce de gouvernement théocratique, c'est par une instruction judiciaire, faite avec soin, que l'on peut vérifier si cette multitude de faits isolés, dont la preuve est si facile à obtenir, se rattache en effet à une cause unique, à un centre commun, et peut être envisagé par ce motif, comme l'exécution d'un plan combiné, d'un complot criminel dirigé contre les institutions de la France.

La discussion m'ayant amené à parler de *l'appel comme d'abus*, je crois, en finissant, devoir consigner ici mon opinion sur la *compétence* en cette matière.

L'usage constant et des faits nombreux attestent sans doute que la connaissance des appels comme d'abus est dévolue au Conseil-d'État, mais cet usage, comme ces faits, me semblent une violation continuelle de la législation existante.

En effet, la loi du 18 germinal an X organique du concordat, règle l'appel comme d'abus, et en réserve la connaissance exclusive au Conseil-d'État.

Mais un décret du 25 mars 1813, contient les dispositions suivantes :

_ « Nos Cours (les Cours royales) connaî-
» tront de toutes les affaires connues sous le
» nom *d'appel comme d'abus*, ainsi que de
» toutes celles qui résulteraient de la non—
» exécution des lois des concordats. » (Article. 5.)

« Notre grand-juge (le ministre de la jus-
» tice) présentera un projet de loi pour être
» discuté en notre Conseil-d'État qui déter-
» minera la procédure et les peines applica-
» bles à ces matières. » (Article 6.)

Ce *décret législatif*, ainsi que la Cour de cassation désigne les décrets de cette espèce, fixe le dernier état de la législation en matière *d'appel comme d'abus*, et dès-lors, l'attribution faite au Conseil-d'État par la loi du 18 germinal an X a dû cesser de droit.

Le projet de loi, indiqué dans le décret du 25 mars 1813, n'a jamais été présenté, il est vrai, sous le gouvernement impérial; mais ce projet, destiné uniquement à régler la forme de procéder et les peines applicables , ne devait avoir aucune influence sur la compétence déterminée par ce décret, et qui a passé immédiatement, par l'effet de sa publication, du Conseil-d'Etat aux Cours royales.

Que si cette assertion sur la compétence des Cours royales résultant du décret de 1813 avait besoin pour paraître fondée, d'être appuyée d'autorités et d'exemples, on en trouve de bien remarquables dans la juridiction qu'exerce la Cour des pairs.

« La Chambre des pairs, dit la Charte
» (article 33), connaît des crimes de haute-
» trahison et des attentats à la sûreté de l'Etat
» *qui seront définis par la loi.* »

Cette disposition annonce, comme le décret du 25 mars 1813, qu'une loi réglera la matière; et à la différence de ce décret qui s'applique à des faits *bien définis, bien caractérisés,*

ce n'est pas seulement le réglement de la procédure et la détermination des peines applicables que la loi doit avoir pour objet; c'est
la *définition même des crimes*, dont la connaissance est attribuée à la Chambre des pairs
qui doit être faite par la loi.

Néanmoins une série d'arrêts déjà rendus
par la Cour des pairs en matière de haute-
trahison et d'attentats à la sûreté de l'État, at-
teste que l'énonciation de sa compétence dans
l'article 33 de la Charte a suffi à ses yeux
pour l'établir, comme cette énonciation faite
à l'article 55 suffirait, sans doute, pour
qu'elle se crût compétente à l'égard des ministres qui seraient accusés par la Chambre
des députés, malgré la disposition de l'article
56, qui porte que des lois particulières spé-
cifieront la nature des délits de trahison et
de concussion dont les ministres peuvent être
accusés, et en détermineront la poursuite.

Il y a analogie parfaite entre la manière
dont la compétence de la Chambre des pairs
est établie dans ces divers articles de la
Charte, et celle dont la compétence des Cours
royales, en matière d'appel comme d'abus,
est déterminée par le décret du 25 mars 1813;

et ces dispositions identiques doivent avoir le même effet. La compétence des Cours royales en matière d'appel comme d'abus me paraît donc incontestable.

En résumé, monsieur le Comte, j'estime : 1° que suivant la législation en vigueur, législation que je désirerais voir modifier dans l'intérêt de la liberté, mais qui, tant qu'elle existe, doit être exécutée *à l'égard de tous*, l'existence de congrégations politiques et religieuses non autorisées est une contravention aux lois; que le fait de cette existence illégale des congrégations, leurs opérations, leurs actes, sont susceptibles de donner lieu à l'action des Cours judiciaires, soit pour ordonner immédiatement la dissolution de ces associations, en punir les chefs, les directeurs, les administrateurs, et punir également ceux qui prêtent leurs maisons pour les réunions, soit pour atteindre les délits particuliers qui auraient pris naissance dans le sein de ces assemblées illicites.

2°. Que l'existence en France de la société de Jésus contre le vœu des lois et le texte des arrêts qui l'ont frappée de dissolution, son invasion dans l'instruction publique, la propagation de ses doctrines si solennellement déclarées contraires à la sûreté de l'État et du trône, sa correspondance avec une puissance ou un souverain étranger en matière de religion, suite et condition nécessaire de son existence, etc., offrent le caractère de délits partiels que les Cours royales ont le pouvoir, le droit et le devoir de rechercher et de réprimer;

Et que sur ces deux premiers points, les déclarations de S. Exc. le ministre des affaires ecclésiastiques et de l'instruction publique peuvent, non moins que votre propre Dénonciation, servir de base aux recherches judiciaires et éclairer la marche des magistrats;

3°. Que la profession des doctrines ultramontaines dans les mandemens, les instructions, les prédications des ministres du culte, etc., peut devenir un motif de poursuites judiciaires, lorsqu'il en résulte des provocations criminelles, des censures ou des critiques des actes du gouvernement et de l'autorité, ou tout autre délit prévu par les lois; que le seul défaut d'enseignement dans les écoles ecclésiastiques des quatre propositions de la déclaration de 1682, peut même donner lieu à l'action des Cours royales ; que cette circonstance peut prendre un caractère bien plus grave, et constituer un délit, s'il est prouvé qu'à l'omission de l'enseignement prescrit se joint un enseignement contraire; et que les Cours royales doivent poursuivre spécialement tout instituteur public qui enseignerait dans les petits séminaires sans une autorisation du grand-maître de l'instruction publique.

4°. Que tous les faits imputés à des ministres du culte catholique qui démontrent leur esprit d'envahissement, doivent être poursuivis par les Cours et Tribunaux lorsqu'ils sont prévus par des lois de répression, et notamment par celle du 7 vendémiaire an IV, par le Code pénal, et par les lois du 17 mai 1819, du 25 mars 1822, etc. ; que ceux de ces faits qui ne peuvent donner lieu qu'à l'appel comme d'abus doivent être déférés directement par les parties intéressées aux Cours royales pour en connaître en la même forme qu'elles connaissent de diverses matières qui leur sont attribuées, *omisso medio.*

5°. Que la coïncidence et la liaison des faits dénoncés, savoir : la formation illicite des congrégations religieuses et politiques, et l'influence générale qu'elles exercent, le rétablissement de la compagnie de Jésus et son usurpation de l'instruction publique, la profession publique des doctrines ultramontaines et l'esprit général d'envahissement du clergé de France, esprit démontré par des actes, enfin la marche combinée des congréganistes, des jésuites et d'une partie du clergé désignée sous la dénomination de *parti-prêtre*, peuvent faire soupçonner, comme vous le pensez, monsieur le Comte, l'existence d'un vaste complot contre la sûreté du trône et de l'État, complot qui à raison de la soumission absolue des affiliés à une puissance étrangère, et suivant que l'indiquent certains mandemens et certaines prédications, tendrait surtout à *changer le gouvernement* établi et à exciter éventuellement *les citoyens à s'armer contre l'autorité du Roi*, crime prévu par l'article 87 du Code pénal, ou à exciter *la guerre civile en portant les citoyens à s'armer les uns contre les autres*, crime prévu par l'article 91 du

même Code ; que des faits rendus publics
et d'autres peut-être qui auront été recueillis par vous, ou qui le seraient ultérieurement, peuvent tendre à fortifier ces
présomptions ; que si l'existence du complot
était reconnue, il y aurait lieu d'en poursuivre tous les auteurs, fauteurs et complices ;
mais qu'en matière de complot et d'attentat,
la plus grande circonspection doit caracté-
riser la marche des Tribunaux, et que c'est
particulièrement sous ce rapport que la vigilance, les lumières et la haute sagesse des
magistrats deviennent une garantie nécessaire pour la société.

6°. Que d'après le caractère grave des faits
dénoncés et leur multiplicité, il est nécessaire
d'en faire l'objet d'une instruction générale
et complète, qui puisse, au besoin, éclairer la
religion du gouvernement et celle des Chambres législatives en même temps qu'elle ser-
vira de base aux décisions de la justice, et
qui en mettant la vérité au grand jour, en
dévoilant les coupables, s'il y en a, en leur
faisant infliger les peines qu'ils auraient en-
courues, puisse rassurer entièrement la nation justement inquiète de ces cris d'alarmes

lancés par les hommes les plus dévoués à la religion, à la monarchie et aux libertés légales.

7°. Enfin, que votre Dénonciation ne désignant en ce moment que des faits et des êtres collectifs, sans signaler aucun individu, on ne peut émettre d'opinion que sur la compétence générale qui appartient aux Cours royales par la nature de leur juridiction, sauf à se fixer ultérieurement d'une manière plus précise sur la compétence, d'après la nature des préventions et la qualité des prévenus, conformément aux dispositions de la Charte, du Code d'instruction criminelle et des autres lois de la matière.

Agréez, monsieur le Comte, l'hommage de mon dévouement et de mon respect.

LE GRAVEREND.